Ella Wolf, eine äußerst facettenreiche Autorin, verfasst sowohl Sachbücher, Romane als auch Kindergeschichten. In ihren literarischen Werken begeistert sie mit einem lebendigen und anschaulichen Schreibstil, der häufig von ihren eigenen Aquarellbildern begleitet wird. Die besondere Hingabe von Ella Wolf zur Natur und zu Tieren spiegelt sich eindrucksvoll in all ihren Publikationen wider.

«Fisch im Sternenmeer schwimmt durch Träume hin und her. Mit einem Lächeln, charmant und klug, verzaubert er die Sterne im Himmelszug. Im Ozean der Kreativität fischt er Ideen mit Leichtigkeit. Ein Fisch, der träumt, ein Künstler der Lüfte im galaktischen Spaß, der keine Grenzen zügelt, zeigt er uns: Fantasie ist unsere wahre Flügelquelle! »

Ella Wolf

Der Fisch-Kompass

Eine Tiefenanalyse der mystischen Wasserwelten

tredition

© 2024 Ella Wolf
Umschlag, Illustration: Ella Wolf
Lektorat, Korrektorat: Ella Wolf
Web: www.ella-wolf.com

Druck und Distribution im Auftrag Ella Wolf:
tredition GmbH, Halenreie 40–44, 22359 Hamburg, Deutschland

ISBN
Paperback   978-3-384-12006-9
E-Book   978-3-384-12007-6

Inhaltsverzeichnis

Vorwort

Liebe Leserinnen und Leser

Es erfüllt mich mit großer Freude, Sie auf einer Reise durch die faszinierende Welt des Sternzeichens Fisch willkommen zu heißen. Dieses Sternzeichenbuch widmet sich eingehend der Persönlichkeit des Fischs – einem Zeichen, das für seine Einzigartigkeit, seine emotionale Tiefe und seine kreative Seele bekannt ist.

Der Fisch, geboren zwischen dem 20. Februar und dem 20. März, trägt das Erbe des Wasserzeichens in sich. In diesen Seiten tauchen wir ein in die vielschichtigen Facetten seiner Persönlichkeit, erkunden seine Stärken und vielleicht auch die Herausforderungen, denen er begegnet.

Ich habe die Ehre, Sie durch die Lupe dieses bezaubernden Sternzeichens und seine einzigartige Welt zu führen. Die Reise durch das Fisch-Universum verspricht, alles andere als gewöhnlich zu sein. Auf den folgenden Seiten widmen wir uns der Erkundung der tiefen Gewässer der Fisch-Seele – von den schimmernden Träumen bis zu den kreativen Gedanken.

Dieses Buch ist mehr als nur eine Aneinanderreihung von astrologischen Fakten; es ist ein Versuch, die Bedeutung des Fischs einzufangen – einen Auszug, durchdrungen von Empathie, Kreativität und einem tiefen Glauben an die Kraft der Gefühle.

Ich hoffe, dass Sie beim Lesen dieses Buches nicht nur mehr über das Sternzeichen Fisch erfahren, sondern auch eine tiefe Verbindung zu den einzigartigen Qualitäten dieses Zeichens aufbauen können. Ob Sie selbst ein Fisch sind oder einfach nur neugierig auf die faszinierende Welt dieses Zeichens sind, dieses Buch ist für Sie geschrieben.

Möge die Reise durch die Sternenkonstellationen des Fischs Ihr Verständnis für die Schönheit des Lebens vertiefen und Sie inspirieren, die Welt mit einem offenen Herzen und einem erweiterten Bewusstsein zu betrachten.

Mit herzlichen Grüßen

Ella Wolf

Der Fisch

20. Februar – 20. März

Im Zauber der Ozeane

Das geheimnisvolle Reich der Fische

Tauche ein in die schillernde Welt der Fische, wo die Sterne das Firmament mit ihren Geschichten malen. Das Sternzeichen Fisch, zwischen dem 20. Februar und 20. März geboren, entführt uns in ein Universum der Träume, der Tiefe und der unwiderstehlichen Anziehungskraft.

Ein Ozean der Empathie

Die Fische sind die Träumer des Tierkreises, ihre Seelen schwingen im Rhythmus der Gezeiten. Ihre empathische

Natur erlaubt es ihnen, die Emotionen anderer wie Meeresströmungen zu erfassen und zu verstehen.

Kreative Wirbel der Fantasie

In den Tiefen des Fisch-Ozeans entstehen kreative Wirbel der Fantasie. Dieses Sternzeichen bringt Künstler, Schriftsteller und Träumer hervor, die ihre Inspiration aus den schillernden Tiefen der Vorstellungskraft schöpfen.

Magische Intuition.

Sie spüren die Veränderungen in der Luft, erkennen die verborgenen Energien und navigieren durch das Leben auf einem unsichtbaren Kompass.

Die Schauspielkunst der Fische

Die Fische sind begnadete Schauspieler, die die verschiedenen Rollen des Lebens mit Leichtigkeit übernehmen. Ihre Anpassungsfähigkeit und ihr Sinn für Kreativität machen sie zu bezaubernden Bühnenstars im großen Theater des Universums.

Der Humor im Wellenspiel

Lass dich von den Fischen mit ihrem humorvollen Wellenspiel verzaubern. Ihr Lächeln ist wie ein Sonnenstrahl, der die Oberfläche des Ozeans küsst und das Leben mit einer Prise Humor würzt.

Tauche ein in die Welt der Fische, wo Träume fließen wie Wasser und die Sterne ihre Geheimnisse in den Wellen verbergen. Das Sternzeichen Fisch, ein Kaleidoskop der Emotionen und kreativen Energie, lädt uns ein, die Magie der Ozeane in uns zu entdecken.

Die Modewelt der Fische: Ein stilvoller Tauchgang durch den Sternenhimmel

In den endlosen Weiten des Modeozeans finden wir die faszinierenden Fische. Ihr Kleidungsstil spiegelt die fließenden Gewässer ihrer Persönlichkeit wider, wobei jede Outfit-Wahl wie ein Kunstwerk der Ozeane erscheint.

Fließende Eleganz

Fische sind wahre Meister der fließenden Eleganz. Ihre Outfits scheinen sich sanft mit der Brise zu bewegen, als ob sie von den Wellen des Ozeans inspiriert wären. Leichte Stoffe, fließende Schnitte und maritime Farbpaletten dominieren ihren Schrank.

Symbiose von Farben

Die Fische schaffen eine harmonische Symbiose von Farben in ihren Outfits. Von schimmernden Blau- und Grüntönen bis zu den schillernden Schattierungen von Lavendel und Silber – jede Farbe erzählt eine Geschichte von ihren träumerischen Welten.

Accessoires als Meeresjuwelen

Wie kostbare Juwelen des Meeres wählen Fische ihre Accessoires mit Bedacht aus. Perlenschmuck, Muschelanhänger und filigrane Meeresmotive verleihen ihren Looks eine einzigartige Note von Natürlichkeit und Eleganz.

Kreative Meeresmuster

Fische setzen auf kreative Meeresmuster, die an die Geheimnisse der Tiefsee erinnern. Von Wellenmustern über Fischschuppen bis zu verspielten Anspielungen auf maritime Wesen – ihre Outfits sind ein faszinierender Mix aus Kreativität und Originalität.

Anpassungsfähigkeit in der Modewelt

Wie Fische im Wasser passen sich auch ihre Outfits nahtlos der jeweiligen Umgebung an. Ob legerer Streetstyle oder elegante Abendgarderobe, die Fische beherrschen die Kunst der Anpassung und strahlen dabei immer eine gewisse Leichtigkeit aus.

Die Modewelt der Fische ist eine poetische Reise durch die Ozeane der Kreativität. Ihre Outfits erzählen Geschichten von träumerischer Eleganz, farbenfroher Harmonie und der unendlichen Inspiration, die sie aus den Tiefen des Modeozeans schöpfen.

Die Künstlerseele der Fische

Ein farbenfroher Tauchgang durch die Welt des Designs

In den kunterbunten Fluten der Kreativität schwimmen die faszinierenden Fische. Ihre Vorliebe für Farben, Formen und Kunst spiegelt sich in einer wahrhaft magischen Mischung wider, die die Welt durch ihren künstlerischen Blick betrachtet.

Farbpalette der Träume

Fische träumen in Farben, und ihre Vorliebe für sanfte, beruhigende Töne ist unverkennbar. Von Aquamarin über Pastellblau bis zu Lavendel lieben sie Farben, die die Stimmung wie ein sanftes Meeresrauschen beruhigen.

Kunstvolle Farbübergänge

Wie die sanften Wellen des Ozeans spielen Fische liebend gern mit kunstvollen Farbübergängen. In ihren bevorzugten Kunstwerken und Designs spiegeln sich häufig Farbverläufe wider, die an die atemberaubenden Sonnenuntergänge über dem Wasser erinnern.

Organische Formen und Fluss

Fische fühlen sich in organischen Formen wohl, die an Meeresmuster und Wasserschöpfungen erinnern. Verspielte Kurven und fließende Linien finden sich in ihren Vorlieben für Möbel, Dekoration und Kunst wieder, die eine harmonische Verbindung mit der Natur eingehen.

Vielschichtige Kunstwerke

Die Kunst der Fische ist so vielschichtig wie ihre Emotionen. Mehrschichtige Gemälde, durchdachte Collagen und kunstvoll gestaltete Designs spiegeln ihre Fähigkeit wider, die Tiefe der Gefühle in künstlerische Ausdrucksformen zu übersetzen.

Traumhafte Lichtspiele

Fische lieben das Spiel mit Licht und Schatten. Ihre Vorliebe für traumhafte Lichtspiele spiegelt sich in kunstvollen Lampen, Kerzenarrangements und dekorativen Lichtelementen wider, die magische Atmosphären schaffen.

Die künstlerische Seele der Fische ist eine lebendige Symphonie aus Farben, Formen und Kunst. Ihre Vorlieben zeugen von einer magischen Verbindung mit der Welt der Kreativität, die von Träumen, Emotionen und der unendlichen Schönheit des Ozeans inspiriert ist.

Das Wohnparadies der Fische

Ein aufgeräumter Blick in das Zuhause des Sternzeichens

Im faszinierenden Reich der Fische, wo die Fantasie in jedem Raum tanzt und die Gemütlichkeit wie eine warme Meeresbrise weht. Das Zuhause der Fische offenbart eine eigene magische Welt.

Farbexplosion der Träume

Fische lieben es, ihre Wände in einem Farbregen zu tauchen, der an einen tropischen Sonnenuntergang erinnert. Von Aquamarin bis Korallen-Rosa, ihre Wohnräume sind lebendige Gemälde, die ihre kreative Seele widerspiegeln.

Gemütliche Rückzugsorte

In den kuscheligen Ecken ihres Zuhauses findet man flauschige Decken, bequeme Kissen und vielleicht sogar einen Hängesessel, der wie eine schwebende Muschel den Raum erhellt. Fische schätzen gemütliche Rückzugsorte, die zum Träumen einladen.

Ein Hauch von Natur

Das Zuhause der Fische ist wie ein Indoor-Garten, gespickt mit Pflanzen, die sich überall ausbreiten. Grüne Blätter und tropische Gewächse sorgen für ein frisches Ambiente, während Muscheln und Treibholz ihre Liebe zur Natur unterstreichen.

Möbel, die zum Entspannen einladen

Fische bevorzugen Möbel, die eine Einladung zum Entspannen aussprechen. Weiche Sofas, plüschige Teppiche und vielleicht sogar ein Himmelbett schaffen eine Atmosphäre, in der die Zeit stillzustehen scheint.

Kunstvolle Unordnung

In der Welt der Fische ist Unordnung künstlerischer Ausdruck. Bücher, Kunstwerke und Souvenirs stapeln sich scheinbar chaotisch, doch in diesem kreativen Durcheinander finden sie Harmonie.

Spaß und Magie in jedem Raum

Fische lieben es, Spaß und Magie in ihr Zuhause zu bringen. Glitzernde Lichterketten, farbenfrohe Dekorationen und vielleicht sogar ein verstecktes Schatzkästchen sorgen für eine Prise Humor und Mystik.

Das Zuhause der Fische ist ein lebendiges Märchen, in dem Träume wohnen und die Realität in einem wohltuenden Nebel der Kreativität verschwimmt. Hier spiegelt sich ihre Liebe zum Meer, zur Natur und zur Kunst in einem harmonischen Durcheinander wider.

Die kreative Meeresbrise der Fische

Hobbys, die Wellen der Fantasie entfachen

Die faszinierenden Fische schwimmen im Ozean der Hobbys. Ihre Freizeitaktivitäten sind wie bunte Korallenriffe, voller Kreativität, Träume und einer Prise humorvoller Leichtigkeit.

Malen wie ein Ozeanpoet

Die Fische tauchen in die Welt der Farben ein und malen wie Ozeanpoeten. Ihre Leinwände werden zu Meisterwerken, auf denen die Wellen der Fantasie tanzen und die Farbpaletten in einem kaleidoskopischen Tanz verschmelzen.

Lesen zwischen den Zeilen

Fische lieben es, zwischen den Zeilen zu schwimmen. Mit einem Buch in der Hand entfliehen sie der Realität und tauchen in fesselnde Geschichten ein, wo ihre Vorstellungskraft genauso weitreichend ist wie das Meer selbst.

Theater der Träume

Die Fische sind geborene Schauspieler, die das Theater der Träume beherrschen. Ob auf der Bühne des Lebens oder in selbst inszenierten Rollenspielen – ihre Kreativität entfaltet sich in einem endlosen Spiel von Charakteren und Geschichten.

Musik, die Wellen schlägt

Fische haben eine tiefe Verbindung zur Musik. Sie spielen Instrumente wie eine Konzertgitarre, die exotische Meeresklänge von sich gibt, oder eine Westerngitarre. Die Melodien,

die sie erschaffen, sind wie Wellen, die sanft ans Ufer der Seele
rollen.

Sternenhimmelbeobachtung im Kopf

Die Fische betrachten den Sternenhimmel nicht nur nachts.
Tagsüber lassen sie ihre Gedanken durch die Sternenkonstellationen wandern und erfinden Geschichten über ferne Ga-
laxien, die ihre kreative Neugierde entfachen.

Humor als Quelle der Freude

Fische verstehen den Humor als eine Sprache des Herzens. Ob
sie selbst Witze erfinden, humoristische Geschichten schreiben
oder einfach das Lachen mit Freunden teilen – der Humor der
Fische ist wie eine erfrischende Meeresbrise.

Die Hobbys der Fische sind eine faszinierende Mischung aus
Kreativität, Fantasie und einer gehörigen Portion Heiterkeit. In
ihrem Reich der Freizeitaktivitäten tanzen sie zwischen den
Wellen der Vorstellungskraft und lassen ihre künstlerische
Seele auf eine Reise voller Farben, Töne und Lachen gehen.

Gastronomische Meeresabenteuer der Fische

Ein Fest für Geschmack und Fantasie

In der kulinarischen Welt sind die Fische wahre Künstler. Ihre Lieblingsspeisen sind wie ein festliches Bankett, das die Aromen des Meeres, die Magie der Kreativität und eine Prise humorvoller Genüsse vereint.

Fangfrischer Meeresgenuss

Die Fische lieben es, sich mit den Früchten des Meeres zu verwöhnen. Ob gegrillter Lachs, pochierter Kabeljau oder zarte Garnelen Spieße – sie schätzen den Geschmack des Ozeans auf ihren Tellern.

Exotische Meeresfrüchteexpeditionen

Ihre Geschmacksknospen machen regelrecht Expeditionen durch exotische Meeresfrüchte. Austern, Muscheln und Tintenfisch werden zu delikaten Entdeckungen, die ihre Gaumenfreuden auf eine kulinarische Weltreise schicken.

Sushi als Kunstform

Für die Fische ist Sushi nicht nur Essen, sondern eine Kunstform. Sie schätzen die kunstvollen Arrangements von Reis, Fisch und Algenblättern, die wie kleine Meisterwerke auf ihren Tellern erscheinen.

Vegetarische Meeresgärten

Auch in vegetarischen Gefilden verwandeln die Fische ihre Speisen in Meeresgärten. Algen-Salate, Gemüsesuppen mit einer Brise Seetang und frische Avocado-Rollen stehen auf ihrem Speiseplan.

Suppen, die wie Ozean-Wellen schmecken

Fische lieben Suppen, die wie Wellen des Meeres schmecken – von klaren Fischbrühen bis zu cremigen Meeresfrüchtesuppen. Ein Löffel davon, und sie fühlen sich, als würden sie am Ufer der kulinarischen Küste stehen.

Süße Meeresversuchungen

Die Fische haben auch einen, wie man im englischen Sprachgebrauch sagt: «sweet tooth», also einen süßen Zahn für Meeresversuchungen. Von Meeresfrüchte-Tartes über maritime Muffins bis zu Schokoladen mit salziger Meeresnote – ihre Desserts sind so verlockend wie eine Meeresbrise.

Die kulinarischen Vorlieben der Fische sind eine Festivität für den Geschmackssinn, bei der die Aromen des Meeres und die Fantasie der Küche in einem delikaten Tanz verschmelzen. Ihr gastronomisches Universum ist ein Abenteuer, das die Sinne verwöhnt und den Gaumen auf eine Reise durch die Meeresfreuden entführt.

Gastgeberqualitäten der Fische

Wo Kreativität und Herzlichkeit aufeinandertreffen

In der Welt der Gastfreundschaft sind die Fische wahre Meister. Ihre Gastgeberqualitäten sind eine gelungene Mischung aus Kreativität, Herzlichkeit und einer Prise humorvoller Leichtigkeit.

Kreative Zusammenkünfte

Fische lieben es, ihre Gäste in einer Atmosphäre kreativer Zusammenkünfte zu empfangen. Ihr Zuhause ist oft ein lebendiges Kunstwerk, das von farbenfrohen Dekorationen, inspirierenden Kunstwerken und einer ansteckenden positiven Energie geprägt ist.

Feste, die wie Wellen schwappen

Wenn Fische Feste veranstalten, schwappen sie mit der Leichtigkeit von Wellen. Die Feiern sind durchzogen von einer lockeren Atmosphäre, in der sich Gäste wie Freunde fühlen und gemeinsam die Freuden des Lebens zelebrieren.

Kulinarische Verwöhnung

Ihre Gastfreundschaft zeigt sich nicht allein in der Kunst des Empfangs, sondern außerdem am Tisch. Fische überraschen ihre Gäste mit kulinarischen Kreationen, die nicht nur den Gaumen, sondern auch die Sinne verzaubern. Essen wird zu einer Reise durch Geschmack und Fantasie.

Gespräche unter Sternenhimmel

Die Fische sind Meister der herzlichen Dialoge. Ob unter dem Sternenhimmel im Garten oder am gemütlichen Kaminfeuer – ihre Gastgeberqualitäten zeigen sich in tiefgründigen, inspirierenden Gesprächen, die die Seele berühren.

Humor als Eisbrecher

Heiterkeit ist ein wichtiger Bestandteil ihrer Gastfreundschaft. Fische verstehen es, mit einer Prise Humor die Stimmung zu lockern und ihre Gäste mit einem Lächeln zu begrüßen. Ein herzhaftes Lachen gehört zu ihren besten Gastgeschenken.

Kleine Überraschungen, große Wirkung

Fische überraschen ihre Gäste gerne mit kleinen Gaben. Ob handgemachte Dekorationen, liebevoll gestaltete Platzkarten oder kleine Gastgeschenke – ihre Aufmerksamkeiten sind Ausdruck von Wertschätzung und Liebe.

Die Gastgeberqualitäten der Fische sind eine lebendige Mischung aus Kreativität, Herzlichkeit und einer Prise Frohsinn. Ihr Umgang mit anderen Menschen spiegelt sich in der Magie ihrer Zusammenkünfte, bei denen Gäste nicht nur willkommen sind, sondern sich wie Teil einer großen, liebevollen Familie fühlen.

Geschenke-Welten der Fische

Kreative Überraschungen, die die Sinne berühren

Die Fische sind Meister der Geschenkwelten, in denen Einfalls-reichtum, Herzlichkeit und Freude zu einer zauberhaften Symphonie verschmelzen.

Kunstvolle Überraschungen

Fische lieben kunstvolle Geschenke, die ihre kreative Seele an-sprechen. Ein handgemaltes Bild, ein selbst gestaltetes Scrapp-book oder ein kunstvoller Gegenstand für das Zuhause sind Geschenke, die ihre Fantasie beflügeln.

Bücher, die Welten öffnen

Für Fische sind Bücher mehr als Geschenke; sie sind Tore zu fernen Welten. Ein Druck-Erzeugnis, das ihre Fantasie anregt, eine poetische Sammlung oder ein literarisches Meisterwerk – Bücher sind Geschenke, die ihre Seele berühren.

Sternenhimmel im Glas

Ein personalisiertes Sternenglas, das den Himmel in einer be-stimmten Nacht zeigt, ist ein Geschenk, das die romantische Seite der Fische anspricht. Es ist wie ein Stück des Universums, das sie in den Händen halten können.

Musikalische Entdeckungen

Fische schätzen musikalische Geschenke, die ihre Sinne ansprechen. Eine handverlesene Playlist, ein selbst gemachtes Musik-Mixtape oder vielleicht sogar ein Musikinstrument zum Ausprobieren sind perfekte Geschenke für die klangvolle Seele der Fische.

Teereisen um die Welt

Ein Set exquisiter Früchtetees aus verschiedenen Teilen der Welt ist für Fische ein Geschenk, das ihre Sinne auf eine aromatische Reise entführt. Die Vielfalt der Geschmacksrichtungen weckt ihre Neugier und lässt sie die Welt des Tees entdecken.

Selbstgemachte Überraschungen

Fische lieben Geschenke, die eine persönliche Note tragen. Selbstgebackene Leckereien, handgemachte Dekorationen oder eine selbst geschriebene Geschichte sind Geschenke, die von Herzen kommen und ihre Wertschätzung zeigen.

Die Geschenke-Welten der Fische sind eine Reise durch Kreativität, Emotionen und eine tiefe Verbindung zu den Dingen, die die Sinne berühren. In ihrer Welt sind Geschenke nicht nur materielle Objekte, sondern Ausdruck von Liebe, Fantasie und der Freude, das Glück mit anderen zu teilen.

Finanzfluss der Fische

Fantasie, Genuss und ein Hauch von Magie

Ihr Umgang mit Geld ist wie eine kunstvolle Choreografie, bei der Einnahmen und Ausgaben harmonisch miteinander verschmelzen.

Kreatives Investieren

Fische haben eine Vorliebe für kreative Investitionen. Kunst, Musikinstrumente oder vielleicht sogar ein Workshop für eine neue Fertigkeit – für sie ist Geld nicht nur Mittel zum Zweck, sondern eine Quelle für inspirierende Möglichkeiten.

Genussvolles Shopping

Fische verstehen das Einkaufen als eine Art von Kunst. Sie schätzen hochwertige, ästhetische Produkte, sei es Mode, Dekoration oder kulinarische Genüsse. Ihr Geld fließt gerne in Dinge, die nicht nur nützlich sind, sondern auch Freude bereiten.

Theater der Finanzen

Der Umgang mit Geld ist für Fische wie ein Theaterstück. Sie mögen es, ihre Finanzen in Szene zu setzen, sei es durch Budgetplanung, kreative Sparmethoden oder die Inszenierung eines finanziellen Erfolgs. Ein wenig Dramatik macht alles spannender.

Kunst als Wertanlage

Für Fische ist Kunst nicht ausschließlich ästhetisch, sondern außerdem eine potenzielle Wertanlage. Sie investieren gerne in Gemälde, Skulpturen oder andere künstlerische Werke, die nicht nur ihre Wände schmücken, sondern auch langfristig an Wert gewinnen können.

Geschenke als Ausdruck von Liebe

Fische geben gerne Geld für Geschenke aus, denn für sie ist Schenken eine Art Liebeserklärung. Ob überraschende Aufmerksamkeiten für Freunde, Familie oder sich selbst – sie sehen Geschenke als einen schönen Weg, Freude zu teilen.

Magische Geldrituale

Geld ist für Fische nicht nur eine nüchterne Zahl, sondern hat eine gewisse Magie. Sie neigen dazu, kleine Rituale rund um ihre Finanzen zu entwickeln, sei es das Anzünden einer Geldkerze oder das Führen eines speziellen Finanztagebuchs.

Der Finanzfluss der Fische ist eine Reise durch kreative Gestaltung, sinnlichen Genuss und die Magie des Umgangs mit Geld. Ihr finanzieller Tanz ist nicht nur pragmatisch, sondern auch eine kunstvolle Inszenierung, bei der die Fische ihre individuelle Note einbringen.

Berufliche Harmonie der Fische

Schöpferisch, mitfühlend und auf der Suche nach Magie

In der beruflichen Arena sind die Fische wahre Meister der schöpferischen Strömungen, Mitgefühlskunst und der Suche nach einem Hauch von magischer Leichtigkeit. Ihr Arbeitsleben gleicht einem faszinierenden Bühnenstück, in dem sie ihre einzigartigen Talente entfalten.

Kreative Bühnenzauberer

Fische blühen in kreativen Berufen auf. Ob als Künstler, Designer oder Musiker – sie gestalten ihre Bühne mit Leidenschaft und einem Hauch von Magie. Der Ausdruck ihrer Individualität durch Kunst ist für sie nicht nur ein Job, sondern eine Lebensweise.

Mitfühlende Berufswahl

Mit ihrem natürlichen Einfühlungsvermögen eignen sich Fische ideal für berufliche Felder, in denen Empathie gefragt ist. Sozialarbeit, Therapie oder Beratung sind Bereiche, in denen sie ihre mitfühlende Natur einsetzen können, um anderen zu helfen.

Traumberuf – Weltentdecker

Fische träumen oft von einem Beruf, der sie um die Welt führt. Reiseblogger, Fotografen oder Kulturanthropologen – sie suchen nach Möglichkeiten, ihre Neugier zu stillen und die Schönheit der Welt in ihrer Arbeit einzufangen.

Literarische Welterschaffer

Die Fische haben eine Affinität zur Schriftstellerei. Ihr kreativer Geist findet Ausdruck in der Erschaffung literarischer Welten. Sie könnten als Autoren, Dichter oder sogar im Bereich der Geschichtenerzählung brillieren.

Beruflicher Zauberer

Für Fische ist die Arbeit nicht nur eine Pflicht, sondern eine Bühne für Zaubertricks. Magische Momente im Beruf, sei es durch überraschende Ideen, kreative Lösungen oder inspirierende Präsentationen, machen ihren Arbeitsalltag besonders.

Spirituelle Entdecker

Fische fühlen sich in beruflichen Sphären wohl, die Raum für mentales Wachstum lassen. Yoga-Lehrer, Meditationscoaches oder spirituelle Berater – sie suchen nach Wegen, um sich und anderen auf ihrer beruflichen Reise zu innerer Erfüllung zu verhelfen.

Die Arbeitswelt der Fische ist ein einfallsreicher Spielplatz, auf dem sie ihre Leidenschaften, Mitgefühl und die Sehnsucht nach Magie vereinen. Ihre berufliche Reise ist keine gewöhnliche Karriereleiter, sondern ein faszinierender Tanz durch die verschiedensten Ausdrucksformen ihrer einzigartigen Persönlichkeit.

Urlaubsabenteuer der Fische

Traumreisen, kreative Expeditionen und ein Hauch von Magie

Für die Fische ist Urlaub nicht nur eine Pause vom Alltag, sondern eine Gelegenheit für träumerische Abenteuer, ideenreiche Expeditionen und einen Hauch von magischer Leichtigkeit. Ihre Reiselust ist so bunt wie der Ozean selbst.

Traumreisen durch Fantasieländer

Fische träumen von Destinationen, die nicht bloß auf der Landkarte existieren, sondern auch in ihrer Fantasie. Verborgene Inseln, mystische Wälder oder magische Orte, von denen man nur in Geschichten hört, stehen ganz oben auf ihrer Reisewunschliste.

Künstlerische Reiseziele

Kreative Orte ziehen die Fische magisch an. Städte, die von Kunst und Kultur durchdrungen sind, inspirieren ihre künstlerische Seele. Paris, Florenz oder Kyoto stehen hoch im Kurs, wo sie nicht nur die Sehenswürdigkeiten, sondern auch die kreativen Energien absorbieren.

Badeurlaub am Meer der Träume

Der Ruf des Ozeans ist für Fische unwiderstehlich. Sie lieben es, an Stränden zu entspannen, das Rauschen der Wellen zu hören und im türkisblauen Wasser zu schwimmen. Inseln wie die Malediven oder Bora-Bora sind ihre persönlichen Paradiese.

Sternenhimmel-Camping

Fische sind von der Magie des Sternenhimmels fasziniert. Ein Campingausflug an einen abgelegenen Ort, fernab von Lichtverschmutzung, ermöglicht ihnen, die Himmelskörper in ihrer vollen Pracht zu erleben und vielleicht sogar nach den Sternen zu greifen und stille Wünsche zu fantasieren.

Theaterstück in historischen Städten

Historische Städte sind für Fische wie Bühnen von faszinierenden Theaterstücken. Sie lieben es, durch Gassen zu schlendern, antike Geschichten zu entdecken und sich vorzustellen, wie das Leben in vergangenen Zeiten ausgesehen hat.

Märchenhafte Schlösser und Burgen

Fische fühlen sich von märchenhaften Schlössern und Burgen magisch angezogen. Orte wie Neuschwanstein in Deutschland oder das Schloss Peleş in Rumänien entfachen ihre Fantasie und lassen sie in königlichen Träumen schwelgen.

Die Urlaubsabenteuer der Fische sind eine Exkursion durch Fantasiewelten, künstlerische Oasen und magische Landschaften. Für sie ist der Urlaub nicht nur eine Reise von A nach B, sondern eine Entdeckung der unendlichen Möglichkeiten, die die Welt zu bieten hat.

Sportlicher Ozean der Fische

Erfinderische Fitness, tanzende Wellen und ein Spritzer Humor

In der Welt des Sports sind die Fische wahre Künstler, die ihre Fitness als eine kreative Performance betrachten. Ihr sportlicher Ozean ist geprägt von tanzenden Wellen, Magie und Humor.

Erfinderische Fitnesskunst

Fische mögen keine gewöhnlichen Fitnessroutinen. Für sie ist Sport eine kreative Ausdrucksform. Ob Yoga, Pilates oder tanz basierte Work-outs – sie verwandeln ihre sportliche Praxis in eine künstlerische Performance, bei der Flexibilität und Eleganz im Vordergrund stehen.

Schwimmen als Meditation

Der natürliche Lebensraum der Fische ist das Wasser, und das spiegelt sich auch in ihrer Sportwahl wider. Schwimmen ist nicht nur eine körperliche Übung, sondern eine meditative Reise durch die Wellen, bei der sich Geist und Körper im Einklang befinden.

Tanzende Fitnesspartys

Fische lieben es, sich zu bewegen, besonders wenn es mit Musik verbunden ist. Tanzbasierte Fitnesskurse sind ihre bevorzugte Art, sich fit zu halten. Die Tanzfläche wird zur Bühne, auf der sie ihre kreativen Bewegungen in einem fröhlichen Rhythmus zum Ausdruck bringen.

Wellenreiten und Wassersport

Der Ruf der Wellen ist für Fische unwiderstehlich. Wellenreiten, Kajakfahren oder Stand-up-Paddeln sind Sportarten, die sie mit der Energie des Ozeans verbinden. Sie suchen nach dem perfekten Gleichgewicht zwischen Spaß und körperlicher Aktivität.

Lach-Yoga für die Seele

Sport soll nicht nur den Körper, sondern auch die Seele stärken. Fische neigen dazu, Lach-Yoga in ihre Routine aufzunehmen. Ein herzhaftes Lachen, kombiniert mit Atemübungen, bringt nicht nur gute Laune, sondern auch eine positive Einstellung zum Training.

Bogenschießen als Zen-Praxis

Fische finden in Bogenschießen eine Zen-ähnliche Praxis. Die Konzentration auf das Ziel, verbunden mit der ruhigen Atmosphäre, ermöglicht es ihnen, ihren Geist zu beruhigen und gleichzeitig ihre körperliche Geschicklichkeit zu schärfen.

Der sportliche Ozean der Fische ist eine bunte Mischung aus kreativer Fitness, tanzenden Wellen und einem erfrischenden Hauch von Humor. Ihre sportlichen Aktivitäten sind keine Pflichtübung, sondern eine künstlerische Performance, bei der der Weg genauso wichtig ist wie das Ziel.

Gesundheitskunst der Fische

Permanente Wellen des Wohlbefindens

In der Welt der Gesundheit sind die Fische wahre Künstler, die ihr Wohlbefinden als eine Art schöpferische Symphonie von Körper und Geist betrachten. Ihre gesundheitliche Reise gleicht einem inspirierten Gemälde, auf dem die Farben der Selbstfürsorge und kreativen Ausdrucks miteinander verschmelzen.

Kreative Wellness-Rituale

Fische gestalten ihre Wellness-Rituale wie ein kreatives Meisterwerk. Ob Aromatherapie, künstlerische Meditation oder das Eintauchen in die Welt der Farbtherapie – ihre Gesundheitspraxis ist eine Kunstform, bei der alle Sinne angesprochen werden.

Spirituelle Ernährung

Die Ernährung der Fische ist mehr als nur eine Nahrungsaufnahme; sie ist eine spirituelle Erfahrung. Sie neigen dazu, sich von frischen, pflanzlichen Lebensmitteln zu ernähren und achten darauf, dass ihre Mahlzeiten nicht nur den Körper, sondern auch den Geist nähren.

Meditation im Ozean der Gedanken

Fische finden in der Meditation einen Raum für mentale Klarheit und geistige Ruhe. Ihre Meditationspraxis gleicht einem Eintauchen in den Ozean der Gedanken, bei dem sie die kreativen Wellen ihres inneren Selbst erkunden.

Heilende Gartenkunst

Fische lieben die Natur als Quelle der Heilung. Ein eigener kleiner Garten, gefüllt mit heilenden Pflanzen und Blumen, wird zu einem Ort, an dem sie nicht nur für ihre körperliche, sondern auch für ihre seelische Gesundheit sorgen.

Spaziergänge als Spiegelungen der Gedanken

Spaziergänge sind für Fische nicht nur körperliche Bewegung, sondern auch eine Gelegenheit, ihre Gedanken zu reflektieren. Ihre Fußspuren auf den Wegen sind wie Pinselstriche auf einer Leinwand, die ihre kreativen Ideen manifestieren.

Lachyoga als Lebenselixier

Fische verstehen, dass Lachen nicht allein die beste Medizin ist, sondern obendrein ein Lebenselixier. Lachyoga, das eine Verbindung von Lacher und Atemübungen ist, wird zu einem lustigen Ritual, das nicht nur die Bauchmuskeln, sondern auch die Seele stärkt.

Die Gesundheitskunst der Fische ist eine Reise durch kreative Wellness, spirituelle Nahrung und eine tiefe Verbindung mit der Natur. Ihr Fokus liegt nicht nur auf der Fürsorge des Körpers, sondern auch auf der Pflege der kreativen Energie, die ihr Wohlbefinden in ein harmonisches Gemälde verwandelt.

Familiäre Fischfreuden

Geistreiche Bindungen, magische Freundschaften und ein Ozean der Liebe

In der Welt der Beziehungen sind die Fische wahre Künstler, die ihre familiären und freundschaftlichen Bande als Meisterwerke betrachten. Ihre Herzensverbindungen sind eine Mischung aus innovativen, geistreichen Bindungen und magischen Freundschaften und einem Ozean der Liebe.

Kreative Familienbande

Fische betrachten ihre Familie als ein Kunstwerk, in dem jeder ein einzigartiges Farbpigment ist. Ihre familiären Bindungen sind kreativ, flexibel und von einer tiefen Liebe geprägt. Jedes Familienmitglied ist ein Künstler auf seiner eigenen Leinwand.

Freunde als Lebenskünstler

In Freundschaften sehen Fische Gleichgesinnte, die das Leben gemeinsam mit ihnen gestalten. Sie schätzen Freunde, die wie Lebenskünstler sind – Menschen, die nicht nur da sind, wenn die Sonne scheint, sondern auch im Regen tanzen.

Liebe als Ozean der Verbindung

Für Fische ist Liebe mehr als ein Gefühl; sie ist ein Ozean, der alle Verbindungen durchdringt. Ihre Liebesbeziehungen sind tiefsinnig, mit einer Prise Magie. Sie suchen nach Seelenverwandten, die ihre kreativen Träume verstehen und teilen.

Feste als kreative Symphonie

Feste und Zusammenkünfte sind für Fische wie kreative Symphonien. Sie lieben es, Momente zu feiern, sei es ein Geburtstag, ein Jubiläum oder einfach der Grund, dass heute ein besonderer Tag ist. Die Feierlichkeiten sind kunstvoll gestaltet, von der Dekoration bis zum Menü.

Kreative Partnerschaften

In romantischen Beziehungen suchen Fische kreative Partner. Jemand, der ihre künstlerische Vision teilt und gleichzeitig Raum für individuelle Entfaltung lässt.

Die Partnerschaft wird zu einem gemeinsamen Kunstprojekt, bei dem beide ihre Farben in die Beziehung einbringen.

Mitgefühl als Bindeglied

Mitgefühl ist für Fische das unsichtbare Bindeglied, das ihre Beziehungen stärkt. Sie sind einfühlsame Zuhörer, tröstende Freunde und Familienmitglieder, die mit einer warmen Umarmung jede Welle des Lebens gemeinsam durchschreiten.

Die Fische erleben ihre Familien- und Freundschaftsbeziehungen als eine schöpferische Reise, die von Kunst, Magie und tiefer Liebe geprägt ist. Sie sind nicht an starre Bilder gebunden, sondern gestalten ihre Beziehungen als lebendige Kunstwerke, die sich immer wieder neu erfinden und entfalten.

Tierische Begleiter der Fische

Kreative Gefährten, magische Verbindungen und ein Ozean der Liebe

Für die Fische sind ihre Haustiere mehr als nur Begleiter. Sie sind ihre Kunstwerke, die sie mit Fantasie und Liebe gestalten. Sie verbinden sich mit ihren Tieren auf einer magischen Ebene und tauchen ein in einen Ozean der Zuneigung.

Kreative Tierkunst

Fische betrachten ihre Haustiere als kreative Muse. Ob Hund, Katze oder sogar exotischere Gefährten – die Tiere sind wie lebende Gemälde, die ihre Welt mit Farbe und Leben füllen. Sie schätzen die Einzigartigkeit jedes Tieres als Teil ihrer eigenen kreativen Landschaft.

Magische Verbindungen

Fische spüren eine tiefe magische Verbindung zu ihren tierischen Begleitern. Sie verstehen sich auf einer intuitiven Ebene und teilen oft einen geheimnisvollen Blick, der mehr sagt als tausend Worte. Die Tiere sind nicht nur Haustiere, sondern magische Wesen, die ihre Seele berühren.

Naturverbundene Freundschaft

Die Verbindung der Fische zu Tieren ist eng mit der Natur verbunden. Sie schätzen gemeinsame Abenteuer im Freien, sei es beim Spaziergang im Park mit dem Hund oder beim gemütlichen Beisammensein im Garten. Die Natur wird zum gemeinsamen Spielplatz.

Tierische Therapeuten

Haustiere sind für Fische nicht nur Begleiter, sondern auch therapeutische Künstler. Sie verstehen, wie wichtig es ist, sich Zeit für kuschelige Momente oder gemeinsame Spiele zu nehmen, um den Stress des Alltags zu lindern. Die Tiere sind Meister im Malen von lächelnden Gesichtern.

Gedankenaustausch mit Tieren

Fische haben das Gefühl, dass ihre tierischen Freunde sie auf einer tiefen spirituellen Ebene verstehen. Die Gedankenübertragung zwischen Menschen und Tieren ist für sie keine Fantasie, sondern eine echte Kommunikation, bei der Worte nicht erforderlich sind.

Ozean der Tierliebe

Die Liebe der Fische zu tierischen Weggefährten ist so tief wie der Ozean. Sie gehen weit über die üblichen Pflichten eines Haustierbesitzers hinaus und sehen ihre Tiere als gleichwertige Familienmitglieder an. Die Tiere sind nicht nur Haustiere; sie sind Meeresgefährten in diesem gemeinsamen Ozean der Liebe.

Die Fische pflegen eine einzigartige Verbindung zu ihren tierischen Gefährten, die ihr Leben auf besondere Weise bereichern. Ihre Beziehungen zu Haustieren sind keine bloße

Gewohnheit, sondern lebendige Kunstwerke, durchwoben von Liebe, Magie und der Schönheit des Tierseins.

Der humorvolle Ozean der Fische

Originelle Pointen, magische Witze und Humor im Alltag

Ihr Lachen ist eine Mischung aus originellen Pointen, magischen Witzen und einem Spritzer Humor, der den Alltag verschönert.

Kreative Pointen als Malpinsel

Fische betrachten den Humor als einen gestalterischen Malpinsel. Sie malen ihre Welt mit kreativen Pointen, die nicht nur zum Lachen, sondern auch zum Nachdenken anregen. Ihr Humor ist oft wie ein farbenfrohes Gemälde, das die Stimmung erhellt.

Magische Witze und Wortspiele

Fische haben eine Affinität zu magischen Witzen und subtilen Wortspielen. Ihre humorvollen Eskapaden sind wie Zaubersprüche, die ein Lächeln auf die Gesichter der Menschen zaubern. Sie verstehen die Kunst, Worte so zu jonglieren, dass sie in der Luft schweben und am Ende in einem Lachen landen.

Witz im Alltag

Für Fische ist Humor ein fester Bestandteil des Alltags. Selbst in scheinbar ernsten Situationen finden sie einen Weg, einen humorvollen Twist einzubringen. Ein Spritzer Humor wirkt wie eine frische Meeresbrise, die den Alltag belebt.

Versteckter Nonsens als Geheimrezept

Hinter dem scheinbaren Ernst verbirgt sich oft ein versteckter Nonsens im Humor der Fische. Sie verstehen, dass das Leben manchmal zu ernst genommen wird, und setzen auf einen geheimen Cocktail aus Absurditäten, um die Dinge leichter zu machen.

Lachen über sich selbst

Fische haben die Kunst des über sich Lachen perfektioniert. Sie können ihre eigenen Unzulänglichkeiten mit einem humorvollen Blick betrachten und verstehen, dass Perfektion oft überbewertet wird. Ihr Lachen ist eine Einladung, das Leben mit all seinen Macken zu feiern.

Humor als kreative Ausdrucksform

Der Humor der Fische ist nicht nur eine Quelle der Freude, sondern auch eine kreative Ausdrucksform. Sie sehen die Welt durch die farbige Brille des Lachens und gestalten ihre Umgebung mit einem Hauch von Humor.

Der humorvolle Ozean der Fische ist eine Reise durch originelle Pointen, magische Witze und Heiterkeit im Alltag. Ihr Lachen ist wie eine künstlerische Darbietung, bei der die Bühne des Lebens mit einem fröhlichen Licht erhellt wird.

Melancholie im Ozean der Fische

Empfindsamkeit, träumerische Wehmut und die Traurigkeit

Ihre Melancholie ist eine Mischung aus tiefer Empfindsamkeit, träumerischer Wehmut und der Traurigkeit.

Schöpferische Empfindsamkeit

Fische nutzen ihre Betrübtheit als eine kreative Quelle, aus der sie ihre Gefühle in verschiedenen Nuancen ausdrücken. Sie können ihre Emotionen in einem künstlerischen Kontext darstellen und erkennen, dass die Traurigkeit häufig den Startpunkt einer intensiven Selbstbetrachtung bildet.

Träumerische Wehmut

Die Traurigkeit der Fische hat eine träumerische Note. Sie neigen dazu, in melancholischen Momenten zu träumen und lassen ihre Gedanken wie sanfte Wellen durch den Ozean der Erinnerungen gleiten. Ihre Wehmut ist eine Reise durch vergangene Zeiten, die mit einer besonderen Poesie getränkt ist.

Der Zauber der Traurigkeit

Fische verstehen den Zauber, den die Traurigkeit innewohnt. Sie erkennen, dass aus traurigen Momenten oft eine kreative Inspiration hervorgeht. Ihre künstlerische Ader wird von der Melancholie genährt, und sie können aus den tiefsten Emotionen heraus eine neue Schöpfung erschaffen.

Eintauchen in emotionale Tiefen

Die Schwermut der Fische ermöglicht es ihnen, in die tiefen emotionalen Gewässer einzutauchen. Sie sind in der Lage, sich mit ihrer inneren Welt zu verbinden und verstehen, dass Traurigkeit nicht nur ein Abschied, sondern auch ein Ankunftspunkt für neues Verständnis sein kann.

Regenbögen nach dem Regen

Für Fische ist die Melancholie nicht das Ende, sondern ein Teil des zyklischen Lebens. Sie wissen, dass nach jedem Regen eine Aussicht auf einen Regenbogen besteht. Ihre Traurigkeit ist eine Wolke, die vorüberzieht und den Weg für die strahlende Sonne des inneren Wachstums frei macht.

Mitgefühl als Trost

In ihrer Bekümmernis finden Fische Trost im Mitgefühl. Sie schätzen einfühlsame Gesten, ein offenes Ohr oder eine warme Umarmung. Ihr Umgang mit der Traurigkeit ist nicht isoliert, sondern wird durch das Verständnis und die Fürsorglichkeit ihrer Mitmenschen erleichtert.

Die Melancholie im Ozean der Fische ist eine Erfahrung, die ihre emotionale Tiefe bereichert. Ihre Bedrücktheit ist keine Last, sondern ein faszinierendes Kapitel ihrer Kunst des Fühlens.

Die Abneigungen der Fische

Künstlerische Antipathien, magischer Frieden und ein Lächeln trotz Abneigungen

Ihre Antipathien sind künstlerisch, von einem magischen Frieden durchzogen und dennoch begleitet von einem Lächeln trotz ihrer Abneigungen.

Künstlerische Abneigungen

Fische haben eine künstlerische Abneigung gegen verzichtbare Konflikte und Dramen. Sie können es nicht ausstehen, wenn der Alltag von unnötigen Auseinandersetzungen überschattet wird. Ihre Abneigung ist wie das Wegwischen von Farbspritzern, um die Harmonie ihrer emotionalen Leinwand zu bewahren oder wieder herzustellen.

Gewitter in der emotionalen Atmosphäre

Fische verabscheuen eine aufgeheizte, konfliktbeladene Atmosphäre. Die Unruhe in der emotionalen Luft ist für sie wie ein Gewitter, das ihre kreative Aura stört. Sie bevorzugen ruhige Gewässer und versuchen, auch in stürmischen Zeiten einen magischen Frieden zu bewahren.

Leere Versprechungen

Die Fische hegen eine Abneigung gegen leere Versprechungen und oberflächliche Gesten. Sie schätzen tiefe, authentische Verbindungen und können es nicht leiden, wenn Worte nicht durch echte Taten untermauert werden. Ihre Abneigung ist wie ein künstlerischer Pinselstrich, der Klartext spricht.

Eingeschränkte Gestaltungskraft

Fische verabscheuen eingeschränkte Gestaltungskraft und das Gefühl der Beengtheit. Sie blühen auf, wenn sie ihre künstlerischen Flügel ausbreiten können, und fühlen sich in Situationen, die ihre kreative Entfaltung behindern, unwohl. Ihre Abneigung ist eine Sehnsucht nach einem unendlichen Ozean der Möglichkeiten.

Rasendes Tempo des Lebens

Das rasende Tempo des modernen Lebens ist eine Abneigung der Fische. Sie können es nicht leiden, wenn die Zeit schneller zu verfliegen scheint, als sie ihre geistreichen Gedanken festhalten können. Inmitten der Hektik versuchen sie, einen magischen Frieden zu finden und dennoch ein Lächeln zu bewahren.

Gefühlskälte und Ignoranz

Fische verabscheuen Gefühlskälte und Ignoranz. Die Unfähigkeit, sich in andere einzufühlen, und die Ignoranz gegenüber den künstlerischen Nuancen des Lebens stoßen bei ihnen auf Ablehnung. Ihre Abneigung ist wie ein zarter Pinselstrich, der Mitgefühl und Verständnis einfängt.

Trotz ihrer Abneigungen bewahren die Fische einen künstlerischen Blick auf das Leben. Ihre Antipathien sind wie farbenfrohe Schatten, die ihre emotionale Leinwand bereichern und ihre Reise durch den Ozean der Empfindungen interessant gestalten.

Die Schattenseiten der Fische

Herausforderungen, Selbstverlust und ein Lächeln trotz Schwächen

Ihre Schwächen sind von einem magischen Selbstverlust durchzogen und dennoch begleitet von einem Lächeln trotz ihrer Unvollkommenheiten.

Ideenreiche Herausforderungen

Fische stehen manchmal vor Herausforderungen wie Unentschlossenheit und einer Neigung zur Flucht vor der Realität. Sie können es schwierig finden, klare Entscheidungen zu treffen, und neigen dazu, sich in ihrer einfallsreichen Welt zu verlieren. Diese Herausforderungen sind wie Schatten, die ihre künstlerische Sonne gelegentlich verdunkeln.

Magischer Selbstverlust

Der Hang zum Selbstverlust ist eine negative Facette der Fische. In ihrem Streben nach spiritueller Tiefe und Verbindung zur Welt können sie manchmal die Grenzen zwischen Realität und Fantasie verschwimmen lassen. Der magische Selbstverlust ist wie eine sanfte Brise, die ihre klaren Gedanken gelegentlich durcheinanderbringt.

Überempfindlichkeit

Fische neigen dazu, überempfindlich auf ihre Umgebung zu reagieren. Kritik und negative Energien können sie tiefer treffen als andere Sternzeichen. Diese Überempfindlichkeit ist wie eine empfindliche Leinwand, die bei der kleinsten Berührung zu zittern scheint.

Entscheidungsschwierigkeiten

Die Fische haben mitunter Schwierigkeiten, klare Entscheidungen zu treffen. Ihre künstlerische Natur macht es ihnen schwer, sich auf eine Option festzulegen, da sie die Fülle der Möglichkeiten erkennen. Diese Entscheidungsschwierigkeiten sind wie eine leichte Strömung, die ihre kreativen Gedanken manchmal hin und her treibt.

Flucht vor Konflikten

Um ihren künstlerischen Frieden zu bewahren, neigen Fische dazu, Konflikten auszuweichen. Anstatt sich mit schwierigen Situationen auseinanderzusetzen, können sie sich zurückzuziehen. Die Flucht vor Konflikten ist wie eine stille Ebbe, die ihre emotionale Intensität vorübergehend abschwächt.

Illusionäre Ausflüge

Fische können sich in illusionären Ausflügen verlieren, die nicht immer mit der Realität übereinstimmen. Ihr Drang nach einer anderen magischen Welt kann dazu führen, dass sie die Bodenhaftung einbüßen. Diese Ausflüge sind wie leichte Wellen, die ihre klaren Gedanken gelegentlich verschleiern.

Trotz ihrer Schwächen bewahren die Fische einen künstlerischen Blick auf ihre Unvollkommenheiten. Die Schattenseiten sind wie Teilchen im Wasser, die das Gesamtbild ihrer einzigartigen Persönlichkeit nicht trüben können.

Die Partnerschaft der Fische

Formvollendete Bindungen, bezauberte Harmonie und ein Lächeln im Beziehungsozean

Ihre Wahl des Lebensgefährten ist künstlerisch, von magischer Harmonie durchzogen und dennoch begleitet von einem Lächeln trotz der Herausforderungen.

Ästhetische Bindungen

Fische knüpfen formvollendete Bindungen, in denen die emotionale Verbindung den Ton angibt. Sie neigen dazu, sich von einer tiefen, spirituellen Ebene leiten zu lassen, und suchen nach einem Partner, der ihre kreativen Wellen harmonisch ergänzt. Die künstlerischen Bindungen sind wie ein gemaltes Porträt ihrer gemeinsamen Geschichte.

Bezauberte Harmonie

Die Fische streben nach Harmonie in ihrer Partnerschaft. Sie suchen nach einem Gefährten, der ihre Träume versteht, ihre kreativen Nuancen schätzt und sich mit ihnen in einem bezauberten Tanz der Liebe verbindet. Diese Harmonie ist wie eine Melodie, die ihre Herzen im Einklang schlagen lässt.

Gemeinsame Träume

Gemeinsame Träume sind ein Schlüsselaspekt für die Fische in der Partnerwahl. Sie wünschen sich einen Lebensgefährten, der ihre kreativen Visionen teilt und bereit ist, in Zusammenarbeit an einer bezaubernden Zukunft zu arbeiten. Die gemeinsamen Träume sind wie Sterne, die den Weg ihrer Beziehung erhellen.

Ein Lächeln im Beziehungsozean

Trotz der Herausforderungen bewahren die Fische ein Lächeln im Beziehungsozean. Sie verstehen, dass keine Partnerschaft perfekt ist, aber sie schätzen die kleinen, humorvollen Momente, die das Band zwischen ihnen stärken. Das Lächeln im Beziehungsozean ist wie eine konstante Brise, die ihre Liebe frisch hält.

Emotionale Intelligenz

Fische legen Wert auf emotionale Intelligenz bei ihrem Lebensgefährten. Sie schätzen die Fähigkeit, sich in ihre künstlerischen Gefühlswelten einzufühlen, und suchen nach jemandem, der ihre emotionalen Tiefen mit Respekt und Verständnis erforscht. Die emotionale Intelligenz ist der Kompass, der ihre Beziehung in die richtige Richtung lenkt.

Einfallsreicher Ausdruck der Liebe

Die Liebe der Fische zeigt sich einfallsreich im täglichen Leben. Von kleinen Gesten bis zu romantischen Abenteuern verstehen sie, dass Liebe ein künstlerischer Ausdruck ist, der gepflegt werden muss. Die Liebe ist wie eine blühende Blume in ihrem Beziehungsgarten.

Die Partnerschaft der Fische ist ein schöpferisches Meisterwerk, in dem formvollendete Bindungen, Harmonie und ein Lächeln im Beziehungsozean die Hauptrollen spielen.

Sternzeichen Fisch und seine Kinder-wünsche"

Tauchen wir tief in den Ozean ein, um zu schauen, worauf zukünftige Fische Eltern achten.

Fische sind bekannt für ihre Sensibilität, Fantasie und Mit-gefühl.

Sie lieben es, sich in ihre eigene Welt zurückzuziehen, in der alles möglich ist. Doch wenn es um Kinder geht, sind sie nicht so träumerisch. Sie wissen, dass Kinder eine große Verantwortung bedeuten, die viel Zeit, Geduld und Liebe erfordert. Deshalb sind Fische sehr wählerisch, mit wem sie ihren Nachwuchs zeugen wollen. Sie suchen nach einem Partner, der ihre Werte teilt, sie versteht und unterstützt, und der bereit ist, sich gemeinsam den Herausforderungen des Elternseins zu stellen.

Fische achten bei der zukünftigen Mutter oder dem Vater für ihre Kinder vordergründig auf die emotionale Verbindung.

Sie wünschen sich jemanden, der ihnen zuhört, ihnen Geborgenheit gibt und ihre Gefühle respektiert. Sie sind nicht so besonders an materiellen Dingen oder Statussymbolen interessiert, sondern an der Tiefe und Qualität der Beziehung. Sie sind sehr romantisch und hoffen, ihre Seelenverwandten zu finden, mit denen sie eine harmonische Familie gründen können.

Fische haben oft einen ausgeprägten Sinn für Humor, der ihnen hilft, das Leben leichter zu nehmen.
Sie können über sich selbst lachen und schätzen es, wenn ihr Partner das auch kann. Sie mögen es, wenn ihr Partner sie überrascht, ihnen Komplimente macht oder ihnen kleine Geschenke schenkt. Sie sind besonders großzügig und geben gerne zurück, was sie erhalten. Sie sind auch sehr kreativ und bringen ihre Kinderwünsche oft in Form von Kunst, Musik oder Poesie zum Ausdruck.

Fische sind also keine typischen Kinderwunsch-Kandidaten, die einfach nur einen Erben oder eine Erbin wollen.
Sie möchten Kinder aus Liebe, nicht aus Pflicht. Sie wollen Kinder, die ihre Träume erfüllen, nicht ihre Erwartungen. Sie wollen Kinder, die sie glücklich machen, nicht die sie stolz machen. Sie wollen Kinder, die sie als Individuen schätzen, nicht als Eltern. Sie wollen Kinder, die sie lieben, wie sie sind.

Fisch und Steinbock

Fische und Steinböcke sind zwei besonders unterschiedliche Sternzeichen, die sich auf den ersten Blick nicht sehr gut verstehen. Fische sind emotional, intuitiv und spirituell, während der Steinbock rational, praktisch und ehrgeizig ist. Fische schwimmen gerne im Meer der Gefühle, während Steinböcke lieber auf dem Boden der Tatsachen bleiben. Fische sind flexibel, anpassungsfähig und offen für Neues, während Steinböcke stur, konservativ und traditionell sind. Fische sind idealistisch, romantisch und kreativ, während Steinböcke realistisch, nüchtern und diszipliniert sind.

Man könnte meinen, dass diese beiden Sternzeichen überhaupt nicht zusammenpassen und eine Beziehung zwischen ihnen zum Scheitern verurteilt ist. Doch das ist nicht unbedingt der Fall. Denn wie heißt es so schön «Gegensätze ziehen sich an». Und das gilt im Übrigen für Fische und Steinböcke. Denn hinter ihren scheinbaren Unterschieden verbergen sich auch einige Gemeinsamkeiten, die sie verbinden können.

- Beide Sternzeichen sind sehr loyal, treu und verantwortungsbewusst. Sie nehmen ihre Beziehung ernst und sind bereit, sich für ihren Partner einzusetzen.

- Beide Sternzeichen sind sehr sensibel, einfühlsam und fürsorglich. Sie können sich in die Gefühle ihres Partners hineinversetzen und ihm Trost und Unterstützung bieten.

- Beide Sternzeichen sind sehr geduldig, ausdauernd und zielstrebig. Sie geben nicht so schnell auf und arbeiten hart, um ihre Träume zu verwirklichen.

Wenn Fische und Steinböcke also bereit sind, sich aufeinander einzulassen, können sie eine sehr harmonische und stabile Beziehung führen. Sie können voneinander lernen und sich gegenseitig ergänzen. Fische können Steinböcke anleiten, wie man das Leben genießt, seiner Intuition vertraut und seiner Kreativität freien Lauf lässt. Steinböcke können Fische zeigen, wie man sich organisiert, seine Ziele verfolgt und seine Pflichten erfüllt. Fische und Steinböcke können also funktionieren, wenn sie sich respektieren, akzeptieren und lieben, wie sie sind.

Fisch und Wassermann

Fische und Wassermänner sind zwei verwandte Sternzeichen, die sich auf den ersten Blick sehr gut verstehen. Fische und der Wassermann sind beide lustig, frei und unkonventionell. Sie lieben es, sich in ihre eigene Welt zurückzuziehen, in der alles möglich ist. Sie sind beide sehr kreativ, originell und innovativ. Sie haben beide einen ausgeprägten Sinn für Humor, der ihnen hilft, das Leben leichter zu nehmen. Sie sind beide sehr idealistisch, altruistisch und humanitär. Sie wollen beide die Welt zu einem besseren Ort machen.

Man könnte meinen, dass diese beiden Sternzeichen perfekt zusammenpassen und eine Beziehung zwischen ihnen mit Erfolg geebnet ist. Doch das ist nicht unbedingt der Fall. Denn neben ihren scheinbaren Ähnlichkeiten gibt es auch einige Unterschiede, die sie trennen können.

- Fische sind emotionaler, intuitiver und spiritueller als Wassermänner. Sie benötigen jemanden, der ihnen zuhört, ihnen Geborgenheit gibt und ihre Gefühle respektiert. Wassermänner sind rationaler, analytischer und intellektueller als Fische. Sie benötigen jemanden, der ihnen Freiraum gibt, ihnen Herausforderungen bietet und ihre Ideen respektiert.
- Fische sind anpassungsfähiger, flexibler und offener für Neues als Wassermänner. Sie können sich leicht in

verschiedene Situationen und Menschen hineinversetzen. Wassermänner sind eigenwilliger, starrer und rebellischer als Fische. Sie haben ihre eigenen Prinzipien und Regeln, die sie nicht gerne brechen.

- Fische sind romantischer, verträumter und fantasievoller als Wassermänner. Sie suchen nach ihren Seelenverwandten, mit denen sie eine tiefe und harmonische Beziehung führen können. Wassermänner sind unabhängiger, abenteuerlustiger und experimentierfreudiger als Fische. Sie suchen nach ihrer besten Freundin, mit der sie eine spannende und abwechslungsreiche Beziehung führen können.

Wenn Fische und Wassermänner also eine Beziehung beginnen wollen, müssen sie einige Kompromisse eingehen.
- Sie müssen lernen, sich gegenseitig zu schätzen, zu akzeptieren und zu lieben, wie sie sind.
- Sie müssen lernen, sich gegenseitig zu ergänzen, zu inspirieren und zu motivieren.
- Sie müssen lernen, sich gegenseitig zu verstehen, zu unterstützen und zu respektieren. Fische und Wassermänner können also funktionieren, wenn sie sich bemühen, sich aufeinander einzustellen.

Fisch und Fisch

Fisch und Fisch sind ein Traumpaar, das sich in einer Welt voller Gefühle und Romantik verliert. Sie verstehen sich ohne Worte und spüren die Bedürfnisse des anderen. Sie sind beide sehr einfühlsam und hilfsbereit, aber auch etwas verträumt und realitätsfern. Sie benötigen einen Partner, der ihnen Halt und Sicherheit gibt, und das finden sie bei einem anderen Fisch.

Sie haben eine tiefe Seelenverbindung, die sie glücklich macht. Sie sind beide in hohem Maße ideenreich und fantasievoll und können sich gemeinsam in Kunst, Musik oder Literatur ausdrücken. Sie sind beide zutiefst spirituell und interessieren sich für das Mysteriöse und das Übersinnliche. Sie sind beide sehr tolerant und offen für andere Meinungen und Kulturen.
Die Fische müssen aber außerdem aufpassen, dass sie nicht zu sehr in ihrer eigenen Welt versinken und die Realität aus den Augen verlieren.

- Sie müssen lernen, sich abzugrenzen und auch mal Nein zu sagen, wenn sie sich ausgenutzt oder überfordert fühlen.
- Sie müssen auch darauf achten, dass sie nicht zu abhängig voneinander werden und ihre eigene Individualität bewahren.
- Sie müssen sich gegenseitig ermutigen, ihre Ziele zu verfolgen und ihre Träume zu verwirklichen.

Fische verpartnerte sind ein harmonisches und liebevolles Paar, das sich gegenseitig bereichert und inspiriert. Sie haben eine besondere Beziehung, die auf Vertrauen, Respekt und Zuneigung basiert. Sie können sich glücklich schätzen, einen anderen Fisch als Partner zu haben.

Fisch und Widder

Fische und Widder sind ein ungewöhnliches Paar, das sich durch viele Unterschiede und Herausforderungen auszeichnet. Sie haben eine starke Anziehungskraft, die aber auch zu Konflikten führen kann. Sie müssen viel Kompromissbereitschaft und Verständnis zeigen, um ihre Beziehung zu erhalten.

Fische sind sanft, sensibel und romantisch. Sie sehnen sich nach einer tiefen und harmonischen Verbindung mit ihrem Partner. Sie sind sehr anpassungsfähig und opferbereit, aber auch etwas passiv und unsicher. Sie benötigen einen Partner, der ihnen Geborgenheit und Zärtlichkeit gibt, und das finden sie bei einem Widder nur bedingt.

Widder sind impulsiv, energisch und selbstbewusst. Sie lieben die Herausforderung und das Abenteuer. Sie sind sehr unabhängig und ehrgeizig, aber auch etwas egoistisch und rücksichtslos. Sie benötigen einen Partner, der ihnen Freiheit und Bewunderung gibt, und das finden sie bei einem Fisch oft zu wenig.

Fische und Widder haben eine spannende und leidenschaftliche Beziehung, die aber auch viel Arbeit erfordert.
- Sie sind beide besonders schöpferisch, spontan und können sich gemeinsam viel Spaß machen.
- Sie sind beide sehr loyal, treu und können sich aufeinander verlassen.
- Sie müssen aber auch lernen, ihre Unterschiede zu akzeptieren und zu schätzen. Sie müssen sich gegenseitig

respektieren und unterstützen, ohne sich zu verändern oder zu unterdrücken.

Fische und Widder sind ein mutiges und optimistisches Paar, das sich gegenseitig herausfordert und ergänzt. Sie haben eine besondere Beziehung, die auf Leidenschaft, Vertrauen und Loyalität basiert.

Fisch und Stier

Fisch und Stier sind ein harmonisches Paar, das sich in einer Welt voller Sinnlichkeit und Geborgenheit wohlfühlt. Sie haben viele Gemeinsamkeiten und ergänzen sich gut. Sie sind beide sehr loyal, romantisch und fürsorglich, aber auch etwas stur und eigensinnig. Der Fisch benötigt einen Partner, der ihnen Treue und Beständigkeit gibt, und das finden sie bei einem anderen Stier.

Fisch und Stier haben eine innige und vertraute Beziehung, die sie glücklich macht.
- Sie sind beide sehr einfallsreich, praktisch und können sich gemeinsam ein schönes Zuhause schaffen.
- Sie sind beide sehr genussfreudig und schätzen die guten Dinge des Lebens.
- Sie sind beide sehr geduldig, verständnisvoll und können sich gegenseitig trösten und stärken.

Der Fisch und der Stier müssen aber auch aufpassen, dass sie nicht zu sehr in ihrer eigenen Komfortzone verharren und die Realität vernachlässigen.

- Sie müssen lernen, sich gelegentlich aus ihrer Routine zu befreien und neue Erfahrungen zu machen.
- Sie müssen auch darauf achten, dass sie nicht zu besitzergreifend oder eifersüchtig werden und ihre eigene Freiheit respektieren.
- Sie müssen sich gegenseitig herausfordern und motivieren, ihre Ziele zu erreichen und ihre Träume zu verwirklichen.

Fisch und Stier sind ein liebevolles und zuverlässiges Paar, das sich gegenseitig bereichert und unterstützt. Sie haben eine besondere Beziehung, die auf Zuneigung, Respekt und Hingabe basiert. Fische können sich glücklich schätzen, einen Stier als Partner zu haben.

Fisch und Zwilling

Der Fisch und der Zwilling sind ein Paar, das sich durch Gegensätze anzieht, aber obendrein oft aneinander reibt. Sie haben eine lebhafte und abwechslungsreiche Beziehung, die aber auch viel Toleranz und Kompromissbereitschaft erfordert.

Fische sind gefühlvoll, verträumt und romantisch.

- Sie suchen nach einer tiefen und seelischen Verbindung mit ihrem Partner.
- Sie sind sehr anpassungsfähig und opferbereit, aber auch etwas passiv und unsicher.

- Sie benötigen einen Partner, der ihnen Geborgenheit und Zärtlichkeit gibt, und das finden sie bei einem Zwilling nur teilweise.

Zwillinge sind rational, kommunikativ und witzig.

- Sie suchen nach einer spannenden und intellektuellen Verbindung mit ihrem Partner.
- Sie sind sehr unabhängig und flexibel, aber auch etwas oberflächlich und unbeständig.
- Sie benötigen einen Partner, der ihnen Freiheit und Bewunderung gibt, und das finden sie bei einem Fisch oft zu wenig.

Fische und Zwillinge haben eine faszinierende und dynamische Beziehung, die aber auch viel Arbeit erfordert.

- Sie sind beide zutiefst einfallsreich, spontan und können sich gemeinsam viel Spaß machen.
- Sie sind beide sehr loyal, treu und können sich aufeinander verlassen.
- Sie müssen aber auch lernen, ihre Unterschiede zu akzeptieren und zu schätzen.
- Sie müssen sich gegenseitig respektieren und unterstützen, ohne sich zu verändern oder zu unterdrücken.

Fische und Zwillinge sind ein mutiges und optimistisches Paar, das sich gegenseitig herausfordert und ergänzt.

- Sie haben eine besondere Beziehung, die auf Leidenschaft, Vertrauen und Loyalität basiert.
- Sie können sich glücklich schätzen, einen anderen Zwilling als Partner zu haben.

Fisch und Krebs

Fisch und Krebs sind ein harmonisches Paar, das sich in einer Welt voller Sinnlichkeit und Geborgenheit wohlfühlt.

- Sie haben viele Gemeinsamkeiten und ergänzen sich gut.
- Sie sind beide sehr loyal, romantisch und fürsorglich, aber auch etwas stur und eigensinnig.
- Sie benötigen einen Partner, der ihnen Treue und Beständigkeit gibt, und das finden sie bei einem anderen Krebs.

Fische und Krebs haben eine innige und vertraute Beziehung, die sie glücklich macht.

- Sie sind beide zutiefst erfinderisch, praktisch und können sich gemeinsam ein schönes Zuhause schaffen.
- Sie sind beide sehr genussfreudig und schätzen die guten Dinge des Lebens.
- Sie sind beide sehr geduldig, verständnisvoll und können sich gegenseitig trösten und stärken.

Der Fisch und der Krebs müssen aber auch aufpassen, dass sie nicht zu sehr in ihrer eigenen Komfortzone verharren und die Realität vernachlässigen.

- Sie müssen lernen, sich bisweilen aus ihrer Routine zu befreien und neue Erfahrungen zu machen.
- Sie müssen auch darauf achten, dass sie nicht zu besitzergreifend oder eifersüchtig werden und ihre eigene Freiheit respektieren.

- Sie müssen sich gegenseitig herausfordern und motivieren, ihre Ziele zu erreichen und ihre Träume zu verwirklichen.

Fisch und Krebs sind ein liebevolles und zuverlässiges Paar, das sich gegenseitig bereichert und unterstützt. Sie haben eine besondere Beziehung, die auf Zuneigung, Respekt und Hingabe basiert. Beide können sich glücklich schätzen.

Fisch und Löwe

Das Liebesduo aus Fisch und Löwe verkörpert eine faszinierende Verbindung von Gegensätzen, die nicht nur magnetisch aufeinander wirken, sondern auch gelegentlich für reibungsreiche Momente sorgen. In ihrer Beziehung erleben sie eine lebendige und facettenreiche Dynamik, die jedoch gleichzeitig ein hohes Maß an Toleranz und die Bereitschaft zu Kompromissen erfordert.

Fische sind gefühlvoll, verträumt und romantisch.

- Sie suchen nach einer tiefen seelischen Verbindung mit ihrem Partner.
- Sie sind sehr anpassungsfähig und opferbereit, aber auch etwas passiv und unsicher.
- Sie benötigen einen Partner, der ihnen Geborgenheit und Zärtlichkeit gibt, und das finden sie bei einem Löwen nur teilweise.

Löwen sind rational, kommunikativ und witzig.

- Sie suchen nach einer spannenden und intellektuellen Verbindung mit ihrem Partner.

- Sie sind sehr unabhängig und flexibel, aber auch etwas oberflächlich und unbeständig.
- Sie benötigen einen Partner, der ihnen Freiheit und Bewunderung gibt, und das finden sie bei einem Fisch oft zu wenig.

Fische und Löwe haben eine faszinierende und dynamische Beziehung, die aber auch viel Arbeit erfordert.

- Sie sind beide sehr ideenreich, spontan und können sich gemeinsam viel Spaß machen.
- Sie sind beide sehr gewissenhaft, treu und können sich aufeinander verlassen.
- Sie müssen aber auch lernen, ihre Unterschiede zu akzeptieren und zu schätzen.
- Sie müssen sich gegenseitig respektieren und unterstützen, ohne sich zu verändern oder zu unterdrücken.

Die Verbindung zwischen den Sternzeichen Fische und Löwe zeichnet sich durch Mut und Optimismus aus. Dies kühne Paar stellt sich gegenseitig vor Herausforderungen und ergänzt sich auf harmonische Weise. In ihrer speziellen Beziehung bilden Leidenschaft, Vertrauen und Loyalität das solide Fundament. Diese beiden können sich glücklich schätzen.

Fisch und Jungfrau

Die Partnerschaft zwischen Fisch und Jungfrau ist von anziehenden Gegensätzen geprägt, die dabei auch zuweilen zu

Widerstand führen. Ihre Beziehung ist lebhaft und vielseitig, verlangt jedoch gleichzeitig nach einem hohen Maß an Toleranz und Kompromissbereitschaft.

Fische zeichnen sich durch ihre reiche Gefühlswelt, ihre Neigung zu Träumerei und ihre romantische Natur aus. Ihr Streben nach einer tiefen emotionalen Verbindung mit ihren Lebenspartnern zeigt ihre Anpassungsfähigkeit und Bereitschaft, Opfer zu bringen. Dennoch können gelegentliche Phasen der Passivität und Unsicherheit bei ihnen auftreten. Ihre Sehnsucht nach Geborgenheit und Zärtlichkeit findet nur teilweise Erfüllung bei einer Jungfrau.

Die Jungfrau hingegen ist rational, ordentlich und fleißig. Sie sucht eine pragmatische und effiziente Verbindung mit ihrem Partner, ist unabhängig, kritisch, pedantisch und nervös. Ein Partner, der Freiheit und Anerkennung schenkt, wird von einem Fisch oft als zu kalt empfunden.

Die faszinierende Wechselwirkung zwischen Fischen und Jungfrauen verlangt zweifelsohne nach erheblichen Bemühungen. Beide Parteien zeichnen sich durch ihre Fantasie und Spontaneität aus. In ihrer gemeinsamen Zeit können sie eine Menge Freude erleben. Die Gewissheit, auf loyale und treue Partner zählen zu können, schafft Vertrauen in die Beziehung. Jedoch ist es von entscheidender Bedeutung, dass sie lernen, ihre individuellen Unterschiede nicht nur zu tolerieren, sondern wertzuschätzen. Ein respektvoller Umgang sowie Unterstützung, ohne dabei Veränderungen erzwingen oder einander zu unterdrücken, stellen den Schlüssel zu einer erfolgreichen Partnerschaft dar.

Als Paar vereinen Fische und Jungfrau Courage und Optimismus, während sie sich in einem gegenseitigen Tanz der Herausforderungen harmonisch ergänzen. Die Grundpfeiler ihrer besonderen Beziehung sind Leidenschaft, Vertrauen und Loyalität. In der Freude, einen Lebenspartner gleicher Sternzeichen in der Jungfrau gefunden zu haben, können sie sich wahrlich glücklich schätzen.

Fisch und Waage

Fisch und Waage sind ein Paar, das sich durch Harmonie und Schönheit auszeichnet. Sie haben eine leichte und elegante Beziehung, die aber auch viel Abstimmung und Verständigung erfordert.

Fische zeichnen sich durch ihre Sensibilität, Träumerei und romantische Natur aus. Ihr Streben nach einer tiefen seelischen Verbindung mit dem Partner offenbart ihre hohe Anpassungsfähigkeit und Aufopferung. Allerdings neigen sie mitunter zu Untätigkeit und Unsicherheit. In einer Beziehung suchen sie Geborgenheit und Zärtlichkeit, Qualitäten, die sie in einem Partner wie der Waage besonders schätzen können.

Die Waage ist charmant, diplomatisch und kultiviert.

- Sie suchen nach einer harmonischen und ästhetischen Verbindung mit ihrem Partner.

- Sie sind sehr unabhängig und gesellig, aber auch etwas oberflächlich und unentschlossen.
- Sie benötigen einen Partner, der ihnen Freiheit und Bewunderung gibt, und das finden sie bei einem Fisch.

Fische und Waage haben eine innige und vertraute Beziehung, die sie glücklich macht.

- Sie sind beide leidenschaftlich geistreich und können sich gemeinsam in Kunst, Musik oder Literatur ausdrücken.
- Sie sind beide sehr tolerant, offen und können sich gegenseitig bereichern und inspirieren.
- Sie müssen aber auch lernen, ihre Unterschiede zu billigen und zu schätzen.
- Sie müssen sich gegenseitig würdigen und unterstützen, ohne sich zu verändern oder zu unterdrücken.

Fische und Waage sind ein harmonisches und liebevolles Paar, das sich gegenseitig bereichert und unterstützt. Sie haben eine besondere Beziehung, die auf Zuneigung, Respekt und Hingabe basiert.

Fisch und Skorpion:

In der Welt der Sterne und Planeten, wo die Fische im Wasser schwimmen und die Skorpione in der Wüste lauern, kann man sich fragen, wie diese beiden jemals zusammenkommen könnten. Aber bekanntlich ziehen sich Gegensätze an und das ist sicherlich der Fall bei Fischen und Skorpionen.

Der Fisch, ein träumerisches und intuitives Zeichen, fühlt sich von der Leidenschaft und der geheimnisvollen Aura des Skorpions angezogen. Der Skorpion hingegen, ein tiefgründiges und intensives Zeichen, findet im Fisch einen Partner, der seine emotionalen Tiefen versteht und schätzt.

Es ist wie eine romantische Komödie, in der der Fisch der liebenswerte Träumer ist, der ständig in Wolken schwebt, während der Skorpion der grüblerische Held ist, der versucht, seine Gefühle zu verbergen. Sie könnten nicht unterschiedlicher sein, aber bis zu einem gewissen Grad funktioniert es.

Es gibt auch Herausforderungen. Der Fisch muss lernen, dass der Skorpion nicht immer so offen und ausdrucksstark ist, und der Skorpion muss akzeptieren, dass der Fisch manchmal in seiner eigenen Welt lebt. Aber mit Verständnis und Geduld können sie eine tiefe und erfüllende Beziehung aufbauen.

Also ja, ein Fisch und ein Skorpion können definitiv zusammen funktionieren. Es mag ein wenig wie eine Achterbahnfahrt sein, aber am Ende des Tages ist es das alles wert. Denn in der Welt der Astrologie ist Liebe das größte Abenteuer von allen.

Fisch und Schütze

In der unendlichen Weite des Universums, wo die Fische in den Tiefen des Ozeans schwimmen und die Schützen mit Pfeil und Bogen durch die Wälder streifen, könnte man sich fragen, wie diese beiden Zeichen jemals zusammenfinden könnten. Aber in der Welt der Astrologie ist alles möglich.

Der Fisch, ein Zeichen, das für seine Sensibilität und Empathie bekannt ist, fühlt sich von der Abenteuerlust und dem Optimismus des Schützen angezogen. Der Schütze, ein Zeichen, das für seine Freiheitsliebe und seinen Ehrgeiz bekannt ist, findet im Fisch einen Partner, der seine Träume und Ziele versteht und unterstützt.

Es ist wie eine romantische Komödie, in der der Fisch der sensible und verträumte Protagonist darstellt, während der Schütze der abenteuerlustige und zielstrebige Held ist. Sie könnten unterschiedlicher nicht sein, aber mehr oder weniger ergänzen sie sich perfekt.

Natürlich gibt es auch Herausforderungen. Der Fisch muss lernen, dass der Schütze bisweilen seinen Freiraum gebraucht, und der Schütze muss akzeptieren, dass der Fisch manchmal emotionale Unterstützung benötigt. Aber mit Verständnis und Geduld können sie eine tiefe und erfüllende Beziehung aufbauen.

Die Symbiose zwischen einem Fisch und einem Schützen kann zweifelsohne reibungslos funktionieren. Auch wenn beide Tierkreiszeichen mitunter auf einem wilden Karussell sitzen, wenn die Liebe stark genug ist, schaffen diese beiden Sternzeichen gemeinsam alles.

Der Fisch im Rampenlicht

Berühmte Persönlichkeiten durch die Zeiten

Im Laufe der Historie hat das Sternzeichen Fisch eine bemerkenswerte Reihe von Individuen hervorgebracht, die in diversen Berufen wie Geschichte, Politik, Musik, Film und Literatur außergewöhnliche Beiträge geleistet haben.

Geschichte: Albert Einstein (* 14. März 1879 in Ulm; † 18. April 1955 in Princeton, New Jersey) ein berühmter Fisch, revolutionierte mit seiner Relativitätstheorie unser Verständnis des Universums. Seine geniale Intuition und Vorstellungskraft sind typisch für dieses Sternzeichen.

Politik: George Washington (* 22. Februar 1732, Westmoreland County, Kolonie Virginia; † 14. Dezember 1799 auf Mount Vernon, Virginia), der erste Präsident der Vereinigten Staaten, war auch ein Fisch. Seine Fähigkeit, eine Nation zu führen und zu inspirieren, spiegelt die Fische-Qualitäten von Mitgefühl und Idealismus wider.

Musik: Der legendäre Johnny Cash (* 26. Februar 1932 in Kingsland, Arkansas als J. R. Cash; † 12. September 2003 in Nashville, Tennessee), dessen emotionale Lieder Millionen berührten, war ebenfalls ein Fisch. Seine Musik drückte die tiefe Emotionalität und Sensibilität aus, die dieses Sternzeichen kennzeichnet.

Film: Elizabeth Taylor (*27. Februar 1932 in Hampstead, London; † 23. März 2011 in Los Angeles, Kalifornien), eine Ikone des goldenen Zeitalters Hollywoods, war eine Fisch-Frau. Ihre fesselnde Präsenz auf der Leinwand und ihr humanitäres Engagement zeigten die Fische-Eigenschaften von Charme und Großzügigkeit.

Literatur: Der berühmte Schriftsteller John Steinbeck (* 27. Februar 1902 in Salinas, Kalifornien; † 20. Dezember 1968 in New York City) Autor von "Früchte des Zorns", war ein Fisch. Seine tiefgründigen und einfühlsamen Werke spiegeln die Fische-Fähigkeit wider, sich in andere hineinzuversetzen und komplexe menschliche Erfahrungen darzustellen.

Wie steht es aber um den Bezug des Fischs zum Rampenlicht in der Öffentlichkeit und zu Staralllüren?

Menschen, die unter dem Sternzeichen Fisch geboren sind, haben oft eine natürliche Neigung zur Kunst und Kreativität, was sie zu herausragenden Persönlichkeiten in der Öffentlichkeit macht. Ihre Fähigkeit, tiefe emotionale Verbindungen mit ihrem Publikum herzustellen, ermöglicht es ihnen, in Bereichen wie Musik, Film und Literatur zu glänzen. Sie können ihre Gefühle und Gedanken auf eine Weise ausdrücken, die andere tief berührt.

Trotz ihrer Affinität zum Rampenlicht neigen Fische dazu, introvertiert und zurückhaltend zu sein. Sie schätzen ihre Privatsphäre und können sich manchmal von der Öffentlichkeit zurückziehen, um ihre Energie wieder aufzuladen. Dies ist ein wesentlicher Aspekt ihrer Persönlichkeit, da sie oft Zeit allein benötigen, um ihre schöpferischen Kräfte zu nähren.

Starallüren sind bei Fischen weniger verbreitet, da sie eher bescheiden und bodenständig sind. Sie neigen dazu, den Ruhm und die Anerkennung, die mit ihrem Talent einhergehen, mit Demut zu akzeptieren. Sie sind oft mehr daran interessiert, ihre Kunst zu teilen und andere zu inspirieren, als sich in den Vordergrund zu drängen.

Es ist wichtig zu beachten, dass dies allgemeine Eigenschaften des Sternzeichens Fisch sind und individuelle Unterschiede bestehen können. Jeder Mensch ist einzigartig und wird von einer Vielzahl von Faktoren geprägt, einschließlich aber nicht beschränkt auf sein Sternzeichen. Daher kann es Fische geben, die sich von dieser Beschreibung unterscheiden. Es ist immer am besten, Menschen als Individuen zu betrachten.

Was dem Fisch zugeordnet wird.

Das Sternzeichen Fisch wird verschiedenen astrologischen Elementen zugeordnet

Planet

Neptun ist der Hauptplanet, der dem Sternzeichen Fisch zugeordnet wird. Dieser Planet steht für Träume, Intuition und spirituelle Neigungen.

Glückszahlen

Die Glückszahlen für den Fisch sind oft 2, 3, 7 und 9.

Farben

Die Glücksfarben für den Fisch sind häufig Meergrün und Blau, die mit Ruhe, Frieden und Tiefe assoziiert werden.

Pflanzen

Wasserlilien und Seetang gelten als Pflanzen, die dem Fisch-Sternzeichen zugeordnet werden können.

Glückssteine

Aquamarin und Amethyst gelten als Glückssteine für die Fische, die mit spiritueller Klarheit und emotionaler Harmonie in Verbindung gebracht werden.

MIX

Papier | Fördert
gute Waldnutzung

FSC® C083411

Zeitfracht Medien GmbH
Ferdinand-Jühlke-Straße 7
99095 Erfurt, Deutschland
produktsicherheit@kolibri360.de